AF254091

MORTALITÉ

DES

MILITAIRES FRANÇAIS

DANS LES COLONIES

PAR

LE Dr GUSTAVE LAGNEAU

MEMBRE DE L'ACADÉMIE DE MÉDECINE
PRÉSIDENT DE LA SOCIÉTÉ D'ANTHROPOLOGIE (1872)

PARIS

1889

MORTALITÉ

DES

MILITAIRES FRANÇAIS

DANS LES COLONIES

MORTALITÉ

DES

MILITAIRES FRANÇAIS

DANS LES COLONIES

PAR

LE Dr GUSTAVE LAGNEAU

MEMBRE DE L'ACADÉMIE DE MÉDECINE
PRÉSIDENT DE LA SOCIÉTÉ D'ANTHROPOLOGIE (1872)

PARIS

1889

DE LA MORTALITÉ
DES MARINS ET DES SOLDATS FRANÇAIS

DANS LES COLONIES

———

Lorsqu'en 1884, je communiquai à l'Académie des
Sciences morales mon travail sur l'Emigration, je fus pé-
niblement surpris de l'énorme mortalité venant frapper,
non plus les émigrants, mais nos soldats et marins dans
les colonies. Aussi, me proposai-je d'en faire une étude
spéciale, car toute mortalité anormale doit attirer l'atten-
tion du médecin, du démographe, du philanthrope.

———

La puissance, qui actuellement possède les plus vastes,
les plus nombreuses colonies, l'Angleterre, dont la population s'accroît quatre fois plus rapidement que la nôtre,
de 13 (1) au lieu de 3, 2 sur 1.000 habitants annuellement (2);
l'Angleterre, chaque année, publie des statistiques médicales indiquant la morbidité et la mortalité de ses soldats,
de ses marins disséminés dans les diverses parties du
monde (3). L'Allemagne, l'Autriche publient également des

(1) Bertillon : France (démographie) : *Dictionnaire encyclopédique des
sciences médicales*, p. 421.

(2) *Journal officiel*, 6 janvier 1887, p. 65.

(3) *Army medical Départment : Statistical sanitary and medical Reports for the year 1864-1883, London. — Statistical reports on the health
of the navy for the year 1877.*

statistiques sanitaires sur leurs troupes de mer (1). Cette constatation officielle régulière de la morbidité et de la mortalité, en permettant d'apprécier les différences énormes qu'elles présentent dans les diverses contrées, met à même d'appliquer constamment les mesures d'hygiène les plus propres à restreindre les dangers auxquels exposent les changements de climats. Elle fournit un guide sanitaire pour les expéditions dans les pays les plus insalubres. Médecins et militaires ont remarqué la faible mortalité des soldats anglais ayant pris part aux expéditions contre les Abyssins du Négus Théodoros, contre les Ashantis de la Côte-d'Or (2).

En France, dont la population s'accroît si faiblement, dont les rares colonies, par d'insuffisants débouchers ouverts à nos nationaux, jusqu'à ces derniers temps favorisaient peu notre natalité; en France, la statistique médicale de l'armée de terre donne d'utiles indications sur la morbidité et la mortalité de nos militaires à l'intérieur, en Algérie et en Tunisie; mais aucune statistique officielle n'est publiée pour l'armée de mer, qui cependant est bien autrement éprouvée par la diversité des climats.

On ne peut avoir quelques notions de la morbidité et de la mortalité de nos marins, de nos soldats dans nos colonies lointaines que par la publication de quelques monogra-

(1) *Statisticher sanitats bericht uber die Kaiserliche-Deutsche marine fur der zeitraum...; Statisticher sanitats bericht der K. K. Kriegs marine fur das Jahr 1875... Wien.*

(2) Leroy de Méricourt : L'expédition anglaise en Abyssinie au point de vue médical : *Archives de médecine navale,* 1868, t. X, p. 117. — Autard de Bragard : *L'expédition d'Abyssinie : Revue algérienne et coloniale,* 1868, t. XXIII, p. 691 et t. XVII, p. 235, etc. — H. Brakenburg, Rochefort : *Sur l'expédition anglaise contre les Ashantis : Archives de médecine navale,* 1874, t. XXII, p. 264. — L. Colin : *L'expédition anglaise de la Côte-d'Or: Recueil de mémoires de médecine, chirurgie et pharmacie militaires,* 1874, t. XXX, p. 81, etc.

phies médicales. A défaut de documents officiels généraux, réguliers, relatifs à toutes nos possessions lointaines, examinons donc ces documents particuliers, spéciaux à telle ou telle de nos colonies.

Dans cette étude, il est naturel de prendre comme premiers termes de comparaison la morbidité et la mortalité générale de nos jeunes hommes du même âge que nos soldats et marins. Si la morbidité générale des jeunes hommes est mal déterminée, leur mortalité annuelle, d'après Bertillon père, est de 10.6 et 8.4 sur 1.000, de 20 à 25 et de 25 à 30 ans (1). De 1872 à 1881, à ces deux périodes de la vie, elle a été de 9.5 et de 9.6 sur 1.000 (2).

Bien que les ajournements, les exemptions, les congés de convalescence, ceux de réforme viennent incessamment décharger les hôpitaux et l'obituaire de l'armée, les militaires, par suite du casernement, de l'encombrement humain, ordinairement présentent une morbidité et une mortalité égales, sinon plus considérables que celles des civils de même âge. Mais pour apprécier exactement la nocuité de la profession militaire, il faudrait pouvoir tenir compte de la morbidité et de la mortalité, non seulement durant la présence des soldats à l'armée, mais aussi après leur renvoi dans leurs foyers par suite de maladies contractées au service. De même pour évaluer exactement les dangers que courent nos marins et nos soldats dans les colonies, dans les expéditions lointaines, il faudrait pouvoir tenir compte de leur morbidité et de leur mortalité, non seulement durant leur séjour colonial, mais aussi après leur rapatriement par suite de maladies contractées durant ce séjour. Malheureusement, le plus souvent, les

(1) Bertillon : Mortalité : *Dictionnaire encyclopédique des sciences médicales*, tabl. p. 728.

(2) *Statistique de la France pour l'année 1884*, p. XXXIX, mortalité de chaque âge.

documents statistiques font complètement défaut pour évaluer la morbidité et la mortalité des hommes réformés ou rapatriés.

Indépendamment des maladies d'origine coloniale, les médecins de la marine savent aussi avec quelle intensité sévit parfois la fièvre typhoïde sur nos soldats et marins débilités, revenus dans nos ports, casernés dans des vaisseaux à l'ancre. M. le docteur Solland a décrit l'épidémie qui, en 1886, a régné sur le 1er régiment d'infanterie de marine (1).

Quand on considère dans son ensemble notre armée de terre, qui, en majeure partie, tient garnison à l'intérieur en France, on voit que les maladies qui, annuellement, de 1863 à 1869 déterminaient l'entrée aux hôpitaux de près d'un tiers de nos soldats, de 319 malades sur 1.000 hommes d'effectif, de 1874 à 1884 en déterminent l'entrée d'un quart, de 251 sur 1.000. La mortalité de notre armée qui, de 1842 à 1848 était de 19.5 décès sur 1.000, selon Boudin (2), de 1862 à 1869 a été de 11.42, et de 1872 à 1884, de 10.22 sur 1.000. La mortalité militaire exclusivement à l'intérieur est souvent moindre. En 1883, elle n'a été que de 7.6 sur 1.000. Toutefois, de 1880 à 1882, les hommes réformés pour maladies, blessures ou infirmités représentaient 15.4 sur 1.000 de l'effectif, et l'on ne sait combien, dans leurs foyers, sont morts des suites de lésions ayant motivé leur réforme (3).

En général, la morbidité et la mortalité de nos soldats ont beaucoup diminué en Algérie, depuis les premiers temps de l'occupation. En 1840, selon Boudin, la mortalité

(1) *Bulletin de l'Académie de Médecine*, 28 juin 1887, p. 691.

(2) Boudin : *Traité de Géographie et statistique médicales*, t. II, p. 153.

(3) *Statistique médicale de l'armée* pendant les années 1880, p. 10, 15, 18, 20 ; 1881, p. 10, 15, 18, 21 ; 1882, p. 9, 15, 18 ; 1883, p. 10, 17, 18; 1884, p. 9, 15, etc.

se serait élevée à l'énorme proportion de 140.6 sur 1.000, 1 sur 7. De 1837 à 1848, elle aurait été en moyenne de 77.8 sur 1.000 (1).

Bien que de 17.16 sur 1.000 d'effectif de 1862 à 1869, cette mortalité en Algérie soit descendue à 11.91 de 1872 à 1875 (2), elle s'est de nouveau élevée à 22.61 en 1881 dans le 19e corps, par suite de l'expédition du Sud-Oranais, la morbidité atteignant la proportion de 403 malades sur 1.000 (3). En cette même année, 1881, cette morbidité, selon la statistique générale de l'Algérie, semblerait même avoir été plus élevée encore ; elle aurait été de 531.4 sur 1.000 d'effectif, mais la mortalité aurait été un peu moindre, de 17,7 sur 1.000 (4). Enfin, si l'on sépare des militaires de la division d'Oran, les 10.000, qui approximativement ont pris part à cette expédition, du 1er mai 1881 au 31 décembre 1882, M. Delmas met à même de constater que la morbidité et la mortalité, par 1.000 hommes, ont été de 1,322.6 malades et 64.2 décédés y compris 12.2 tués, soit par année 876 malades et 42 décédés (5).

Mais en 1883 et 1884, on ne compte plus en Algérie que 9.81 et 12.52 décès sur 1.000 (6).

La morbidité et la mortalité de nos soldats de Tunisie furent grandes en 1881, lors de la récente occupation du pays ; il entra aux hôpitaux 591 malades sur 1.000 d'effectif et la mortalité s'y éleva à 61.30 sur 1.000. Ainsi que le rappelle M. Brouardel, dans un récent mémoire sur la fièvre

(1) Boudin : *l. c.*, p. 152 et 153.

(2) *Statistique médicale de l'armée*, 1872, p. 32 ; 1873, p. 24 ; 1874, p. 23 ; 1875 ; p. 24.

(3) *L. c.*, 1881, p. 21 et 15.

(4) *Statistique générale de l'Algérie*, 1879-1881, p. 269, in-4°, 1882.

(5) Delmas : *Relation médico-chirurgicale de la campagne du Sud-Oranais*, en 1881-1882 : *Archives de médecine et pharmacie militaires*, t. X, p. 92, 95, 1887.

(6) *Statistique médicale de l'armée*, 1883, p. 18, et 1884, p. 15.

typhoïde, elle seule aurait atteint plus d'un cinquième des hommes 4.200 sur 20.000 présents, soit 210 sur 1.000 (1). D'après les recherches de M. le docteur Czernicki, la mortalité par fièvre typhoïde aurait été de 50.1 sur 1.000 hommes présents (2), 1 sur 20. Mais, dès l'année suivante, la morbidité et la mortalité y diminuèrent des deux cinquièmes et de plus de moitié. En 1883 et 1884, on ne compta plus que 11.6 et 12.80 décès sur 1.000 (3).

Parmi nos colonies, celles de l'Océanie sont au nombre des plus salubres. Ainsi que l'ont fait remarquer depuis longtemps Dutroulau et Boudin, les militaires Européens présentent une mortalité remarquablement faible dans ces îles. De 1848 à 1851, elle a été de 9.93 en Océanie. Pendant 8 années, les soldats français à Taïti n'auraient perdu, année moyenne, que 10, ou plus exactement 9.8 décédés sur 1.000 hommes. En 1850, la proportion des décès n'aurait été que de 3.9 sur 1.000 (4). A la Nouvelle-Calédonie, de 1851 à 1858, la mortalité, selon MM. de Rochas et Le Roy de Méricourt, n'aurait été que de 11.4 sur 1.000 (5). En 1863, elle n'était que de 8.3 sur

(1) Brouardel : *Répartition de la fièvre typhoïde en France... : Annales d'hygiène publique*, 3ᵉ série, t. XXI, janvier 1889, p. 9.

(2) Czernicki : *La fièvre typhoïde au corps d'occupation de Tunisie en 1881 : Recueil de mémoires de médecine, chirurgie et pharmacie militaires*, 1883, t. II, p. 414. — Voir aussi : Luc Galliot, *Essai sur la fièvre typhoïde observée pendant l'expédition de Tunisie*. Thèse nᵒ 49, 1882, Paris.

(3) *Statistique médicale de l'armée*, 1881, p. 21, 75 ; 1882, p. 18, 134 ; 1883, p. 18, et 1884, p. 15.

(4) Dutroulau : *Traité des maladies des Européens dans les pays chauds* 2ᵉ édition, p. 78, 1868. — Boudin : *Traité de Géographie...*, p. 154 ; et *Du non cosmopolitisme des races humaines : Mémoires de la Société d'anthropologie*, t. I, p. 101, 1860-1863.

(5) De Rochas : *Topographie médicale de la Nouvelle-Calédonie*, Thèse, Paris, 1860. — Le Roy de Méricourt et de Rochas : *Calédonie (Nouvelle) : Dictionnaire encyclopédique des Sciences médicales*, p. 682.

1.000 (1). Bien que la mortalité des Européens semble s'être élevée davantage dans cette colonie, où de nombreux détenus politiques furent transportés, cette colonie paraît être encore remarquablement salubre.

Dans nos Antilles, selon Dutroulau, de 1819 à 1855, sur 1.000 d'effectif, nos soldats auraient annuellement perdu 91.9 décédés à la Martinique et 91.1 à la Guadeloupe (2), 1 sur 11. Boudin en 1857 rappelait que, selon M. Souty, en 4 années, aux Antilles, les 4.000 hommes du 2ᵉ régiment d'infanterie de marine avaient perdu 1.154 décédés (3), soit annuellement plus de 72 sur 1.000, ou 1 sur 12. Cette mortalité est vraisemblablement moindre actuellement à en juger du moins, d'après la diminution de la léthalité.

Suivant M. Bérenger-Féraud (4) et M. Rey (5), de 1820 à 1877, durant 57 ans, sur 178.109 malades entrés aux hôpitaux militaires de Port-de-France et de Saint-Pierre, à la Martinique, 9.683 auraient succombé, soit 54.3 décédés pour 1.000 malades. Mais depuis cette époque, cette léthalité, dans les hôpitaux, se serait abaissée considérablement jusqu'à près de 20 décédés sur 1.000 malades. Remarquons toutefois qu'il n'est pas possible d'inférer de la léthalité à la mortalité, c'est-à-dire du rapport des décès aux malades au rapport des décès aux hommes formant l'effectif. D'ailleurs, considérée dans l'ensemble de ces épidémies successives de 1818 à 1869, la léthalité moyenne de la fièvre jaune

(1) Contribution à la Géographie médicale : Nouvelle Calédonie et îles voisines : *Archives de médecine navale*, 1866, t. V, p. 20.

(2) Dutroulau : *l. c.*, p. 39.

(3) Boudin : *Traité de Géographie*, t. II, p. 154.

(4) Bérenger-Féraud : *Traité clinique des maladies des Européens aux Antilles* (Martinique), 2 vol. 1881, t. I, p. 212.

(5) Rey : *Étude sur la colonie de la Martinique : Revue maritime et coloniale*, mai-juin 1881, t. LXIX, p. 538.

s'est élevée à 232 décédés sur 1.000 à la Martinique (1), près de 1 sur 4.

Durant l'épidémie de fièvre jaune de 1868-1869, selon le docteur Griffon du Bellay, à la Guadeloupe, les différents corps comprenant 1.255 hommes perdaient de 30 à 160, soit en moyenne 49, 4 décédés par 1.000 d'effectif (2).

Dans les Antilles françaises, suivant Dutroulau, parfois la fièvre jaune aurait élevé la mortalité jusqu'à 294.5 sur 1.000 (3).

M. de Lanessan est disposé à regarder nos Antilles comme des « îles d'une grande salubrité, douées d'un climat qui permet à toutes les races de se livrer à tous les travaux » (4). Mais comme le remarque M. le docteur Rochefort « on ne sait pas assez, en France, combien ces îles séduisantes dévorent d'être humains » (5). « Les Antilles, dit M. Rey, sont très insalubres ; les endémies les plus graves des régions tropicales s'y trouvent réunies (6) »

Les documents statistiques relatifs à la Guyane, semblent très différents suivant qu'ils se rapportent aux émigrants en général ou aux militaires en particulier. Des émigrants ayant pris part en 1763 à la malheureuse expédition du Kourou, trois années plus tard, il n'en aurait survécu

---

(1) Bérenger-Féraud : *l. c.*, p. 473.

(2) Griffon du Bellay : *Étude sur la récente épidémie de fièvre jaune qui a sévi à la Guadeloupe, 1868-1869* : *Archives de médecine navale*, 1870, t. XIII, p. 192.

(3) Dutroulau : Antilles, p. 337 : *Dictionnaire encyclopédique des sciences médicales.* — Boudin : *Traité de Géographie et statistique médicales*, t. II, p. 153.

(4) De Lanessan : l'*Expansion coloniale de la France*, p. 778, 1886.

(5) Rochefort : Guadeloupe, p. 396 : *Dictionnaire encyclopédique des sciences médicales.*

(6) Rey : *Géographie médicale : zône torride : Nouveau Dictionnaire de médecine et chirurgie pratiques*, t. XVI, p. 101.

qu'un cinquième (1). Selon M. Maurel, des 700 blancs existant antérieurement, et des 15.000 émigrants, de 1763 et 1764, cinq années plus tard, en 1769, il n'en aurait survécu que 1.291, un douzième (2). Plus récemment, M. Orgeas a montré que les transportés, la plupart Européens, de 1853 à 1856, sur 1.000 d'effectif, présentaient une mortalité annuelle de 156 à 350 aux îles du Salut, de 441 à Saint-Augustin, de 203 à 633 à la montagne d'Argent, près de l'embouchure de l'Oyapok (3). Donc, selon les localités et selon les années, les Européens cultivant les terres ou exploitant les bois, présentent une mortalité variable d'un sixième aux deux tiers.

Sur 1.270 décès enregistrés à l'hôpital de Cayenne, de 1857 à 1869, les trois quarts sont dus aux endémies, en particulier aux maladies paludéennes (4).

La mortalité semblerait notablement moindre pour les militaires et marins occupant Cayenne ou les îles du Salut. Sur 1.000 hommes d'effectif, de 1819 à 1849, suivant Dutroulau, la mortalité moyenne n'aurait été que de 27.2. Mais par suite de la fièvre jaune, elle se serait élevée à 90.8 de 1850 à 1855, et à 237.4 pour cette dernière année en particulier (5). D'ailleurs, combien d'hommes sans succomber, sont plus ou moins gravement atteints ! Durant l'épidémie, non la plus forte, qui régna trois mois, du 22 novembre 1850

(1) Dutroulau : *Traité des maladies des Européens dans les pays chauds* p. 24. — Leroy-Beaulieu : *De la colonisation chez les peuples modernes,* p. 182, 2ᵉ édition, 1882.

(2) Maurel : Guyanes : *Dictionnaire encyclopédique des sciences médicales,* p. 723.

(3) J. Orgeas : *De la colonisation de la Guyane par la transportation :* *Archives de médecine navale,* 1883, t. XXXIX, p. 161, 204, 241, 281, 321 359, et tirage à part, Paris, 1883.

(4) Maurel : *Traité des maladies paludéennes à la Guyane,* p. 2. Paris 1882.

(5) Dutroulau : *l. c. p. 25.*

au 20 février 1851, en faisant périr 202 blancs, en particulier 31 hommes sur 78 comprenant l'équipage du *Tartare*, parmi les 476 soldats d'infanterie de marine, 288 tombèrent malades et 68 succombèrent. Ainsi près des deux tiers des hommes, 605 sur 1.000 furent atteints, un septième succomba, 142 sur 1.000 (1). En trois mois, ces 554 soldats et marins perdirent 99 des leurs, soit 178 décédés sur 1.000 d'effectif. Pendant l'épidémie, de 1855 à 1856 « sur 40 officiers de santé, remarque le docteur Daniel, nous avons presque tous payé notre tribut, et 17 de nos infortunés collègues ont succombé victimes de leur dévouement (2). »

Durant les 19 mois que dura cette épidémie, M. le docteur Kerhuel montre que les 186 officiers d'artillerie de marine, sapeurs du génie, gendarmes, ont perdu 86 des leurs, près de moitié, que les 600 officiers et soldats d'infanterie, sur 575 malades en ont perdu 184, près d'un tiers (3). Du 22 février au 25 juillet 1885, en 5 mois, selon M. le docteur Rangé, les 49 hommes d'infanterie établis aux îles du Salut, comptèrent encore 30 entrées à l'hôpital et 9 décès par fièvre jaune (4).

Dans les Indes françaises, à Pondichéry, d'après MM. les docteurs Beaujon et Huillet, de 1856 à 1865, la mortalité,

---

(1) *Rapport médical sur l'épidémie de fièvre jaune de la Guyane française* de 1850 et 1851 par le conseil de santé de Cayenne : *Revue coloniale*, 1852, t. IX, p. 179, 183.

(2) Daniel : *De la fièvre jaune à la Guyane française pendant les années 1855, 1856, 1857, 1858*. Thèse de Montpellier, n° 36, 20 juillet 1860, p. 9-10.

(3) Fel. Kerhuel : *Relation médicale de l'épidémie de fièvre jaune qui a régné à Cayenne en 1855 et 1856*. Thèse n° 8, Montpellier, 6 février 1864, p. 63.

(4) Rangé : *Étude sur l'épidémie de fièvre jaune ayant sévi aux îles du Salut : Archives de médecine navale*, t. XLV, p. 128, 1886.

non des militaires en particuliers, mais des blancs en général, aurait été de 37 sur 1.000 (1).

Au commencement de l'occupation de la Cochinchine, il y a 28 ans, la mortalité y fut considérable. A la suite de l'expédition de Chine, en 1860 et 1861, qui, selon M. Castano, sur 8.000 soldats, coûta la vie à 950, soit 118.7 sur 1.000 (2), M. Didiot montra que du 13 février 1861 à février 1862, les 2.500 hommes composant approximativement le corps expéditionnaire de Cochinchine présentèrent 2.819 cas de maladies, et comptèrent 172 décès, bien que 200 hommes aient été rapatriés, dont plusieurs dûrent succomber après leur départ de Cochinchine (3). Sur 1.000 hommes, il y eut donc 1.127 maladies, 68 décès et 80 rapatriements ; proportions peu différentes de celles données par M. Laure, médecin en chef de la marine (4). En 1862, M. le docteur Richaud, sur environ 8.000 hommes (4.500 soldats et 3.500 marins et quelques civils), releva 735 décès, soit en Cochinchine, soit de Cochinchine à Suez, un peu plus du onzième, 91.8 sur 1.000 (5) ; proportion identique à celle résultant des nombres recueillis par M. Linguette (6). Sur

(1) Huillet : *Contribution à la Géographie médicale* : Pondichéry : *Archives de médecine navale*, 1868, t. IX, p. 93.

(2) Castano : *Expédition de Chine* : *Relation physique, topographique et médicale de la campagne de 1860 et 1861*, ext. : *Archives de médecine navale*, 1865, t. III, p. 285.

(3) Didiot : *Relation médico-chirurgicale de la campagne de Cochinchine 1861-1862* : *Recueil de mémoires de médecine, chirurgie et pharmacie militaires*, 3ᵉ série, t. XIV, 1865, p. 130, et ext. *Archives de médecine navale*, t. V, p. 409, 1866.

(4) Laure : *Histoire médicale de la marine française pendant les expéditions de Chine et Cochinchine*, de 1859 à 1862, p. 147, 1864 ; extr., *Archives de médecine navale*, t. V, p. 409, 1866.

(5) Richaud : *Essai de topographie médicale de la Cochinchine française* : *Archives de médecine navale*, t. I, p. 213, 1864.

(6) Linguette : *Une année en Cochinchine* : *Recueil de mémoires de médecine, chirurgie et pharmacie militaires*, t. XI, p. 101, 1864.

319 artilleurs arrivés de France en 1862, il n'en restait plus qu'une cinquantaine à Saïgon en avril 1866, dit M. le docteur Bernard (1). En 1863, d'après les documents recueillis par M. le médecin principal Lalluyaux d'Ormay, M. Bourgarel pour 8.300 hommes d'effectif, constatant 632 décès en Cochinchine, plus 100 de Saïgon à Suez sur 680 hommes rembarqués, sans compter une trentaine de décès de Suez à Toulon, évalue la mortalité à près de 9 sur 100 ou 90 sur 1.000 (2).

Mais dès les années suivantes, une diminution se fit remarquer dans la mortalité proportionnelle, ce qui fit présumer à Dutroulau que cette colonie serait loin d'être aussi insalubre que certaines de nos autres colonies palustres (3). En effet, M. Candé a depuis montré que de 115.6 décès sur 1.000 d'effectif en 1861, la mortalité est successivement descendue jusqu'à 12.2 sur 1.000 en 1879. Pour ces 19 années, la mortalité moyenne serait de 48.2 décès sur 1.000. Il est vrai qu'on aurait rapatrié annuellement 169 militaires sur 1.000, et que M. Candé pense devoir évaluer à une proportion égale à la mortalité constatée dans la colonie, celle des soldats rapatriés morts durant ou après leur retour, des suites des maladies contractées en Cochinchine (4).

En 1882, la morbidité générale était de 727.23 sur 1.000, la mortalité s'était abaissée à 11.68 sur 1.000, celle de l'infanterie de marine étant de 16.8 sur 1.000. Mais combien devait-on compter de décès parmi les 201.7 sur 1.000 renvoyés en France en convalescence ? En 1886, alors que sur

(1) Bernard : *Influence du climat de la Cochinchine sur les maladies des Européens*. Thèse, Montpellier, n° 8, 11 février 1867, p. 55.

(2) Bourgarel : *De la dysenterie endémique de la Cochinchine française*. Thèse n° 100, Montpellier, 8 décembre 1866. p. 15.

(3) Dutroulau : *l. c.*, p. 57, etc.

(4) J.-G. Candé : *De la mortalité des Européens en Cochinchine, depuis la conquête...*, p. 30 à 68. Paris, 1881.

2.753 d'effectif, on comptait une moyenne de 43.54 décès pour 1.000 hommes, cette infanterie de marine qui constituait la plus grande partie de cet effectif perdait encore 47.50 décédés sur 1.000, près de cinq fois plus que l'armée en France (1).

Au Tonkin, « grâce à l'écart tranché des saisons » dit M. Bourru, le climat est plus favorable pour les Européens que celui de la Basse-Cochinchine (2). « L'hiver s'y fait sentir, dit M. Delteil, pour retremper les fibres amollies par un óté extrêmement chaud (3). » La mortalité des troupes, suivant M. Maget, serait remarquablement faible, d'environ 1 décès sur 150 hommes, soit 6.66 sur 1.000, à Haï-Phong et Hanoï. Il y a loin de cette proportion minime recueillie sur un nombre restreint de militaires à celle qu'en général on observerait dans la zône intertropicale où « l'indice moyen de mortalité annuelle est d'environ 1/10 (4). » Cependant, même dans certaines localités du Tonkin, l'insalubrité serait grande, M. Villedary remarque qu'au poste de Than-Moï, pendant la saison chaude, la proportion des malades peut atteindre les quatre cinquièmes de l'effectif, et ne pas descendre en hiver au-dessous du tiers (5).

Au poste de Nam-Dinh, dans le delta du fleuve Rouge, selon M. Morand, de novembre 1884 à mai 1886, sur 360 militaires Européens, on compte 497 cas de maladies et 42

(1) *Etat de la Cochinchine française en 1882*, p. 87 et 158-9; *et en 1886* p. 127, in-4°, Saïgon 1884 et 1888.

(2) Bourru : Tonkin : *Annales d'hygiène*, avril 1884, p. 323.

(3) A. Delteil : *Étude sur le climat de la Cochinchine*, p. 47, Nantes 1885.

(4) Maget : *Climat et valeur sanitaire du Tonkin : Archives de médecine navale*, 1881, t. XXXV, p. 358.

(5) Villedary : *Considérations sur la topographie, le climat et la mortalité du Haut-Tonkin, à propos du poste de Than-Moï : Archives de médecine et pharmacie militaires*, 1887, t. IX, p. 299.

décès. La morbidité annuelle aurait donc été de 350 malades sur 380 hommes ou de 921 sur 1.000, la mortalité
s'élevant à 77 sur 1.000. Dans l'espace de 6 mois, de juin à
novembre 1885, ces 380 militaires auraient perdu 33 décédés, près de 1 sur 11 (1).

Au Tonkin, ainsi que le fait remarquer M. Rey « l'obligation de guerroyer par tous les temps et toutes les saisons », y accroît considérablement la morbidité et la mortalité. Durant les 20 mois écoulés, du 1er août 1883 à la fin
de mars 1885, sur un effectif de 10.000 à 15.000 hommes, en
moyenne de 12.500 hommes, on aurait compté 840 décès,
soit annuellement 40.2 décès par 1.000 hommes, dont 8 par
blessures et 32 par maladies. Mais durant quelques mois, à
partir d'août 1885, la mortalité due au choléra fut évaluée à
1.200 décès, soit approximativement à 96 sur 1.000, près de
1 décès sur 10 hommes (2). Tout en espérant voir cette colonie devenir salubre, comme est actuellement la Mitidja
algérienne, jadis si funeste pour nos soldats, M. Challan de
Belval, en 1886, reconnaît que « le Tonkin est incontesta-
blement malsain... Nos braves soldats, surmenés de fatigue
en raison de leur trop petit nombre, mal abrités, et parfois
forcément mal nourris, ont tous subi l'action pernicieuse
des miasmes délétères. En quinze mois, le corps expéditionnaire a perdu le quart de son effectif, soit par la maladie, soit par le feu, soit par les évacuations indispensables
sur la mère-patrie (3). » N'oublions pas qu'au Val-de-Grâce
une même cérémonie réunit dans un deuil commun les
noms de nombreux médecins militaires, de Zuber, de Lu-
cotte, de Raynaud, de Bonnet, de Claude, de Gérardin,

(1) Morand : *Le poste de Nam-Dinh dans le delta du fleuve Rouge :
Archives de médecine et pharmacie militaires*, 1887, t. X, p. 19.

(2) Rey : Tonkin, p. 631-636 : *Dictionnaire encyclopédique des sciences
médicales* — Tonkin : *Archives de médecine navale*, t. XLVIII, p. 321-
322, 1887.

(3) Challan de Belval : *Au Tonkin*, 1886, p. 105.

morts au Tonkin (1), et qu'auparavant et depuis Letessier, Castel, Galzin, Sabatier, et bien d'autres encore ont succombé au choléra (2).

Cependant près du littoral de notre Indo-Chine, certaines îles, en particulier Poulo-Condor, successivement signalée par MM. les docteurs Viaud et Bremaud, se feraient remarquer par leur parfaite salubrité. Bien que l'effectif en 1877 ne fût dans cette île que d'environ 300 hommes, en nombres proportionnels, la morbidité et la mortalité n'y auraient été que de 290 et de 7 sur 1,000. Peut-être pourrait-elle servir de Sanatoria (3) ?

L'île de la Réunion offre pour nos soldats et marins un séjour relativement salubre, cependant ses hôpitaux et son obituaire se trouvent fortement chargés par les malades renvoyés de Madagascar et des petites îles voisines. De 1819 à 1827, selon Dutroulau, la mortalité à la Réunion n'aurait été que de 17.2 sur 1,000 d'effectif. Mais, par suite d'une grande expédition à Madagascar, cette mortalité se serait élevée à 113.8 sur 1.000 en 1830, et à 80.7 en 1831 (4). Sans revenir à son ancienne proportion, la mortalité serait redescendue à 30.5 de 1842 à 1848, à 29 de 1848 à 1851 (5).

Madagascar et les îles voisines, jusqu'à présent, sont d'une remarquable insalubrité : « Quel corps d'armée, dit M. Plauchut, ne formerait-on pas avec les soldats et marins qui, lentement, un par un, y sont terrassés par les

---

(1) *Gazette hebdomadaire de médecine*, 29 août 1886.

(2) *Archives de médecine navale*, t. XXXVII, p. 347, 1882. — *Archives de médecine et pharmacie militaires*, et t. X, p, 65, 1887.

(3) Viaud : *L'île de Poulo-Condor; Topographie médicale ; Archives de médecine navale*, t. I, p. 80, 1864. — Bremaud : *Topographie médicale du poste de Poulo-Condor : Archives de médecine navale*, t. XXXII, p. 432, 1879.

(4) Dutrouleau : *l. c.*, p. 78.

(5) Boudin : *Traité de géographie*, p. 153-154.

fièvres (1) ! » M. le docteur Guiol qui, en deux séjours, est resté 44 mois, près de 4 ans à Nossi-Bé, où cependant 39 médecins en chef ont dû se succéder en 40 ans, a fait le relevé de 693 militaires ou civils européens décédés de 1841 à 1880, et constate que la mortalité annuelle est d'environ 80 sur 1,000 civils et de 75 sur 1,000 militaires ; proportions considérables, surtout si l'on tient compte que beaucoup de malades vont mourir à Maurice ou à la Réunion où, suivant un médecin en chef de Saint-Denys, l'on regarde les hommes revenant de Madagascar comme des piliers d'hôpital (2). La fièvre palustre, dit M. Corre, « est formidable sur le littoral de Madagascar. Il n'en faut pas juger par les chiffres de décès recueillis sur placé, car un grand nombre de malheureux succombent pendant les traversées de rapatriement, à la Réunion ou en France (3). »

Durant une campagne de près de deux ans, du 2 septembre 1883 au 13 août 1885, à Madagascar et aux îles adjacentes, selon M. le docteur Segard, sur 258 hommes composant l'équipage de *La Creuse*, il y en eut 211 atteints de fièvres, qui motivèrent 21,379 journées d'hôpital, soit à bord, soit à terre. Durant un seul mois, celui de mars, les deux compagnies de marins fusiliers, restés à Tamatave, comptèrent l'une 46, l'autre 75 malades sur 100 hommes d'effectif. Du 1ᵉʳ novembre 1883 au 14 janvier 1885, dans l'espace de 14 mois 1/2, le corps expéditionnaire de Madagascar qui, outre l'équipage de *La Creuse*, comprenait celui des bâtiments de la station et les hommes à terre, enre-

(1) Ed. Planchut : *France et Madagascar : Revue des Deux-Mondes*, 15 janvier 1884, p. 916-7.

(2) J. Guiol : *Topographie médicale de Nossi-Bé : Archives de médecine navale*, 1882, t. XXXVIII, p. 347-348.

(3) Corre : *Traité clinique des maladies des Pays chauds*, p. 403. Paris, 1887.

gistra 86 décès (1). A Majunga, sur la côte occidentale de Madagascar, selon M. le docteur Trucy, les 280 hommes du croiseur *Le Forfait* furent atteints de fièvre paludéenne, 734 fois en 1884, 420 fois en 1885 et 90 fois durant le premier trimestre de 1886 (2).

A Mayotte, en 1849, année d'épidémie, la proportion des maladies aurait été de 7654 pour 1,000 hommes d'effectif, soit près de huit atteintes morbides par individu dans le courant de l'année. La proportion des décès aurait été de 73 sur 1,000. En 1854, année ordinaire, la proportion des maladies n'aurait été que de 1666 sur 1,000, mais celle des décès se serait maintenue à 70.7 sur 1,000 (3).

« Madagascar, dit M. Rochard, est d'une insalubrité égale à celle du Sénégal (4). »

Dans l'Afrique occidentale, sur la côte de Guinée, au Gabon, M. Griffon du Bellay (5) et M. Borius ont montré que de 1859 à 1863 sur 1,000 hommes la morbidité annuelle a été de 1,250 entrées à l'hôpital pour les marins en rade et de 2,000 pour les Européens à terre (6).

Sur la Côte d'Ivoire, au poste d'Assinie et du Grand-Bassam, suivant M. Forné, la fréquence des atteintes morbides y varie, selon les mois, de 38 à 87 pour 100 hommes de la garnison. Au fort de Dabou, considéré comme un des

(1) Segard : *Rapport de campagne de la Creuse, à Madagascar* : *Archives de médecine navale*, t. XLVI, p. 31, 141, 145. 1886.

(2) Trucy : *Notes médicales sur Majunga (coté ouest de Madagascar)* : *Archives de médecine navale*, t. XLVII, p. 316. 1887.

(3) Dutroulau : *l. c.*, p. 68.

(4) Rochard : *Acclimatement : Nouveau dictionnaire de médecine et chirurgie pratiques*, t. I, p. 199.

(5) Griffon de Bellay : *Rapport médical sur le service de l'hôpital flottant, la Caravane, en rade du Gabon* : *Archives de médecine navale*, t. I, p. 310, 1864. — *Tour du Monde*, 1865.

(6) Borius : Guinée : *Dictionnaire encycloplédique des sciences médicales*, p. 536.

points les moins insalubres de cette côte, en 1863, lors de l'occupation de ce poste, sur 9 militaires 8 succombèrent soit durant leur court séjour, soit après leur rapatriement. En l'année 1861, M. Borius a montré que 15 Européens y entrèrent 103 fois à l'infirmerie pour fièvre paludéenne, soit près de 7 fois par individu (1).

Au poste de Sed'hiou, à l'embouchure de la Cazamance, selon M. Léonard, chaque homme entrerait à l'hôpital deux fois par mois pour fièvre intermittente. Pas un ne serait arrivé depuis plus de 8 jours sans avoir un premier accès de fièvre (2).

Pour le Sénégal, de nombreux médecins, en particulier M. Thévenot (3), M. Bérenger-Féraud (4), M. Borius (5), ont mis à même de constater quelle énorme morbidité, quelle énorme mortalité présentent les militaires, les employés du gouvernement, qui, sous ce funeste climat, ainsi que le dit M. A. Raffenel, sont « heureux quand ils ont pu conserver, non leur santé intacte, c'est trop rare, mais l'espérance de la recouvrer sous le ciel de la France (6). » Bien que la morbidité et la mortalité soient moins considérables actuellement qu'anciennement, le

---

(1) Forné : *Grand Bassam* : thèse, Montpellier, 1870. — Borius : *Guinée, l. c.,* p. 531-532.

(2) A. Léonard : *Observations recueillies au poste de Sed'hiou (rivière Cazamance, possession Sénégambienne) pendant l'année 1863-1864,* thèse de médecine de Paris, avril 1869.

(3) Thévenot : *Traité des maladies des Européens dans les pays chauds, et spécialement au Sénégal,* Paris, in-8°, 1840.

(4) Bérenger-Féraud : *Traité clinique des maladies des Européens au Sénégal,* 1878.

(5) Borius : Sénégambie : *Dictionnaire encyclopédique des sciences médicales,* 1880, p. 658. — *Topographie médicale du Sénégal : Archives de médecine navale.* t. XXXVII, 1882, p. 436, etc.

(6) A. Raffenel : *De la colonie du Sénégal : Revue coloniale,* 1850, t. IV, p. 391.

séjour dans cette colonie reste toujours dangereux et devient redoutable lorsque la fièvre jaune vient à y sévir. Pour 1,000 hommes d'effectif, de 1832 à 1837, on comptait annuellement 3,003 malades entrés à l'hôpital et 148.5 décédés. Ainsi donc, en moyenne, chaque militaire entrait trois fois par an à l'hôpital ; 1 militaire sur 7 périssait chaque année. Durant une plus longue période, durant 37 ans, de 1819 à 1855, Dutroulau avait calculé qu'au Sénégal la mortalité moyenne des troupes était de 106.1 sur 1,000 (1), annuellement 1 sur 10. De 1852 à 1873 pour 1,000 d'effectif, on compte, année moyenne, 1,819 malades et 73.4 décédés ; mais 150 sont rapatriés pour causes de maladies, trop souvent graves, trop souvent ultérieurement mortelles. Ainsi la garnison du Sénégal, par décès ou par rapatriement pour causes de maladies, subit encore annuellement « un déchet de 1 homme sur moins de 5 ». Durant cette dernière période, les soldats d'infanterie de marine qui, au nombre d'environ 600 constituent la plus grande partie de la garnison, comptent annuellement 1.760 malades, 76 décédés et 130 rapatriés pour 1.000 d'effectif. A Saint-Louis, la morbidité se serait élevée à 2.686.8 malades sur 1.000, pour les disciplinaires, pour les soldats des compagnies de discipline, que les excès, les punitions, les services exceptionnels placent dans de mauvaises conditions sanitaires (2).

Au Sénégal, les diverses épidémies de fièvre jaune de 1830 à 1881 ont déterminé sur 1,000 Européens une morbidité de 800 et une mortalité de 470. Suivant les épidémies, cette terrible maladie a enlevé de 290 à 610 victimes sur 1.000 (3). En 1830 la mortalité fut de 573 sur 1.000 (4). A Gorée, selon M. Bel, durant le quatrième trimestre de 1859,

(1) Dutrouleau : *l. c.*, p. 19.

(2) Bérenger-Féraud : *l. c.*, p. 562.

(3) Borius : *l. c., Archives de médecine navale*, t. XXXVII, p. 388 441. — Sénégambie : *l. c.*, p. 654.

(4) Boudin, *l. c.*, p. 153.

les 125 hommes d'infanterie et les 40 d'artillerie de marine perdirent 35 et 14 décédés (1), soit 280 et 350, en moyenne 296.9 sur 1.000. Pendant l'été de 1878, les 90 Européens présents à Gorée, suivant M. Le Jemble, virent 74 des leurs atteints de fièvre jaune, à laquelle 63 succombèrent (2) ; proportions énormes de 820 malades et 700 décédés sur 1.000. Dans notre colonie, durant cette épidémie de 1878, M. le docteur Dupont constate que la fièvre jaune, sur 1.300 habitants de race blanche, en aurait fait périr 685, soit encore 526 sur 1.000, plus de moitié. Parmi les médecins de la marine, la mort en frappa 18 (3). Au Sénégal, comme à la Guyane, comme dans l'Indo-Chine, ils paient largement leur dîme mortuaire aux épidémies, à l'insalubrité.

———

Du long quoique incomplet exposé précédent, il ressort que dans de rares colonies, comme les îles de l'Océanie, la morbidité et la mortalité de nos marins et de nos soldats diffèrent peu de celles qu'ils présentent en France ; — que dans beaucoup de pays cette morbidité et cette mortalité s'élèvent considérablement, mais d'une manière passagère, soit au début de la prise de possession, comme en Algérie, en Tunisie et voire même en Cochinchine, soit lors d'expéditions comme celles de Chine, du Sud-Oranais, etc. ; — enfin que dans certaines colonies cette morbidité et cette mortalité, quoique parfois décroissantes, se maintiennent très-

(1) Bel : *Épidémie de fièvre jaune qui a sévi à Gorée : Revue algérienne et coloniale*, t. I, p. 230, 1861.

(2) Le Jemble : *Epidémiologie de la fièvre jaune au Sénégal en 1878*, p. 92, thèse de médecine, Paris, 1882.

(3) Dupont : *Histoire médicale des épidémies de fièvre jaune pendant le XIXᵉ siècle : Archives de médecine navale*, 1880, t. XXXIV, p. 269. — Borius : Guinée : *Dictionnaire encyclopédique des sciences médicales*, p. 523.

élevées et présentent d'énormes recrudescences lors de certaines épidémies, comme aux Antilles, et surtout à la Guyane, à Madagascar et au Sénégal. Et n'oublions pas qu'à ces énormes morbidité et mortalité trop souvent constatées dans nos colonies, il faudrait pouvoir joindre encore la morbidité et la mortalité ignorées des rapatriés, des réformés pour maladies contractées dans ces colonies, réformés qui, trop souvent, en allant mourir dans leurs familles, déchargent l'obituaire de notre armée, de notre flotte.

Lorsqu'on voit de jeunes et vigoureux militaires, on a peine à se figurer que les maladies les atteignent si cruellement. L'état de guerre motive d'effroyables hécatombes humaines. Dans son remarquable ouvrage sur la campagne de Crimée, M. Chenu a montré que sur les 309.268 français y ayant pris part, 95.615 ont péri (1) ; près d'un tiers. Combien la désastreuse guerre de 1870 nous a-t-elle coûté ? — Mais quand on étudie l'état sanitaire des militaires de nos colonies, on est profondément peiné de voir, en temps de paix, dans le cours d'une seule année, de braves jeunes gens entrer de 3 à 7 fois à l'hôpital, comme au Sénégal de 1832 à 1837, comme à Mayotte en 1849 ; — de leur voir perdre annuellement un douzième, parfois un septième de leurs camarades, ainsi qu'ordinairement à Madagascar, au Sénégal ; — et enfin de constater qu'en quelques mois la mort atteint plus d'un quart, plus de la moitié de leur effectif, comme lors des épidémies de fièvre jaune de la Guyane en 1855, de Gorée, du Sénégal en 1830, 1859 et 1878.

Parmi les militaires les plus éprouvés par l'habitat colonial paraissent être ceux de l'infanterie de marine. Prenant

____

(1) Chenu : *Rapport au Conseil de santé des armées sur les résultats du service medico-chirurgical aux ambulances de Crimée et aux hôpitaux français de Turquie, pendant la campagne d'Orient de 1854-1856,* p. 519, Paris, 1865.

part à la plupart des expéditions en pays inconnus, occupant, d'une manière plus ou moins durable, certains postes insalubres, ces militaires trop souvent y contractent des maladies, dont ils meurent soit avant, soit après leur retour en France. Sur 1.000 soldats d'infanterie de marine, de 1873 à 1880, selon M. le docteur Lutaud, annuellement il en serait mort 18.9 en France, 31.2 à La Martinique, 34.5 à La Guadeloupe, 140.6 au Sénégal, 20.9 à La Réunion, 28.1 en Nouvelle-Calédonie, 97 en Cochinchine. La mortalité moyenne de ces soldats serait de 70.7 sur 1.000 ; celle des officiers de 99 sur 1.000 (1).

Pour atténuer l'énorme mortalité de nos troupes coloniales, avec raison on tend de plus en plus à abréger leur temps de séjour hors de France ; — on cherche de plus en plus à les envoyer dans des sanatoria, à des altitudes plus ou moins grandes comme au camp Jacob à la Guadeloupe, dans des îles assainies par les brises de mer comme à Poulo-Condor en Cochinchine ; — on tend de plus en plus à rapatrier promptement les malades transportables, les convalescents, ce que facilitent la rapidité de la navigation et la fréquence des relations maritimes.

De plus en plus on substitue aux soldats européens, les soldats indigènes, qui nés dans les colonies n'ont pas à supporter les épreuves de l'acclimatement. En Algérie il y a des spahis, des turcos ; au Sénégal, au Gabon, des spahis, des tirailleurs sénégalais, des laptots, des kroomens ; à Madagascar des matelots malgaches, des tirailleurs sakalaves ; en Indo-Chine des tirailleurs annamites et tonkinois. Tandis qu'en 1886, en Cochinchine, 1.000 soldats d'infanterie de marine perdaient 47.3 décédés, 1.000 tirailleurs annamites n'en perdaient que 11.69 (2). Lors de l'expédition du

____

(1) *Mortalité dans l'infanterie de marine comparée avec la mortalité dans l'armée : Revue des sociétés médicales de France et de l'étranger,* de B. Lutaud. Décembre 1883, p. 314.

(2) *État de la Cochinchine française en 1886,* p. 127.

Mexique, à la Vera-Cruz, M. le médecin principal Bouffiers constatait que « tandis que la race blanche avait 39 décès en 1863 sur un effectif moyen de 156 hommes (soit 250 sur 1.000, 1 sur 4), la race noire ou créole perdait 14 individus sur un effectif de 521 (soit 26 sur 1.000, ou 1 sur 38). » « Jamais, dit M. Corre, nous n'avons vu la fièvre jaune atteindre un homme de race noire », bien qu'il éprouve parfois une influence dysentérique, typhique, etc. (1). Médecin du bataillon des tirailleurs sénégalais, M. le docteur Berger, qui, de 1863 à 1865, lors d'expéditions dans le Fouta, le Cayor, a constaté l'énorme mortalité des blancs et la faible mortalité des indigènes, demande « le remplacement de l'Européen par des noirs, dans nos colonies, et surtout dans les postes du Sénégal (2). »

Indépendamment de la restriction apportée à la mortalité, cette substitution des indigènes a l'avantage, non seulement de restreindre les frais de transport et de rapatriement nécessités pour les militaires venus de France, mais aussi d'étendre notre influence sur les populations en mettant ces indigènes plus en contact avec nous, dans les rangs de l'armée coloniale.

Malheureusement les troupes indigènes n'inspirent pas la même confiance que les troupes européennes.

Les troupes composées de métis d'Européens et d'indigènes sont préférables, parce que ces métis, généralement fiers de leur origine semi-européenne, d'une part sont très propres à maintenir l'autorité de la métropole, d'autre part jouissent presque à l'égal des indigènes de la faculté de résister au climat. Aux Antilles, les métis sont assez nombreux pour fournir au recrutement de ces troupes coloniales. En sera-t-il également ainsi dans l'Indo-Chine ?

(1) Corre : *Notes médicales recueillies à la Vera-Cruz (Mexique)*, 1862, 1865, 1866. Thèse, Paris, 12 avril 1869, p. 12 et 50.

(2) Berger : *Considérations hygiéniques sur le bataillon des tirailleurs sénégalais*, p. 62. Thèse 63, Montpellier, 24 juillet 1868.

Selon M. le docteur Mondière, les métis de père européen et de mère annamite sont « déjà assez nombreux à Saïgon et forment une belle race mulâtre et fort intelligente (1). » Suivant M. de Lanessan, il serait bon d'encourager le mariage des Européens « avec les femmes annamites, chinoises, malaises, cambodgiennes, de manière à créer des métis, qui deviendraient plus tard d'excellents militaires (2). » Au point de vue du recrutement des troupes coloniales il est à désirer que pareilles unions croisées soient toutes eugénésiques. Malheureusement dans nos colonies les plus insalubres, comme la Guyane, comme le Sénégal, les métis restent trop peu nombreux pour pouvoir constituer une force militaire. A la Guyane, selon M. le docteur Orgeas, la fécondité des unions croisées serait fort limitée. Parmi les enfants d'Européens, les garçons seraient moins bien développés, plus dégénérés que les filles (3). Au Sénégal, suivant M. le Président Pierre et suivant le médecin en chef de la marine, M. Bérenger-Féraud, les métis ne se perpétueraient que difficilement. Les garçons, parmi ces métis, présenteraient une notable infériorité numérique (4). D'ailleurs, dans des colonies moins insalubres que la Guyane et le Sénégal, dans les Indes françaises, cette infériorité numérique des métis masculins par rapport aux métis féminins se fait encore remarquer. Dans nos possessions des Indes, peuplées de 281.827 indiens, parmi la population mixte de peu inférieure à la population européenne, 1.535 pour 1.660, le sexe féminin prédomine encore notablement sur le sexe masculin. On y compte 664 filles et 244

---

(1) Mondière : *Les races de l'Indo-Chine* : *Revue d'anthropologie*, 2ᵉ série, t. VI, p. 307. 1883.

(2) De Lanessan : *l. c.*, p. 568.

(3) Orgeas : *l. c.*

(4) Bérenger-Féraud : *Notes sur la fécondité des mulâtres au Sénégal* : *Revue d'anthropologie*, 2ᵉ série, t. II, p. 577-588. 1879.

femmes, pour 427 garçons et 200 hommes (1). Cette prédominence du sexe féminin et cette stérilité de la descendence des métis, ont également été constatées dans d'autres
colonies que les nôtres. A Java, les Lipplapens, métis de
Hollandais et de Malais, lorsqu'ils s'unissent entre eux,
selon M. de Sinety, à « la troisième génération n'engendreraient plus que des filles, et celles-ci seraient toujours stériles (2) ».

A défaut de métis mâles assez nombreux pour subvenir
entièrement au recrutement des corps coloniaux, pour nos
possessions tropicales les plus insalubres, ces corps de
troupes pourraient se recruter, non seulement parmi les
indigènes, mais aussi parmi les habitants d'autres colonies
également tropicales, mais moins insalubres. Remarquant
la population créole presque surabondante de la Guadeloupe et de la Martinique, M. de Lanessan pense qu'on
pourrait « trouver dans ces deux colonies, les soldats
nécessaires à leur propre défense et à celle de la
Guyane (3) ».

L'obligation du service militaire, imposé aux créoles de
nos colonies, pourrait fournir un important contingent à
l'armée coloniale. On leur assignerait « les corps tenant
habituellement garnison dans les climats analogues à ceux
sous lesquels ils sont nés (4) ». Frappé de la complète
immunité des militaires de races européennes, natifs de
la Réunion, de Taïti, et surtout des Antilles, durant l'épouvantable épidémie de fièvre jaune, qui, au Sénégal, en
5 mois de l'année 1878, fit périr la moitié de l'effectif,
M. Le Jemble, non seulement demande le recrutement par

(1) *Revue maritime et coloniale*, 1883, t. LXXVII, p. 519.

(2) De Sinety : Stérilité : *Dictionnaire encyclopédique des sciences
médicales*, p. 757.

(3) De Lanessan : *l. c.*, p. 779-780.

(4) *Nos colonies et la loi du recrutement*, p. 16, extrait de *la Liberté*,
1882.

les indigènes, en restreignant le nombre des Européens dans les limites strictement nécessaires pour le cadre et le commandement, mais aussi propose d'utiliser pour la défense de nos possessions de l'Afrique tropicale les créoles de la Martinique et des autres Antilles (1).

Les quelques Européens devant encadrer, commander les indigènes ou les métis, ou devant former quelques corps spéciaux fort limités, ainsi que le demandent M. Blancsubé (2), M. de Lanessan, M. Rochard, ne devraient se recruter que par engagement volontaire. « Au point de vue politique, dit M. de Lanessan, tout le monde est d'accord pour reconnaître que les soldats provenant du recrutement obligatoire ne doivent pas former les éléments de la défense militaire des colonies. Les hommes qui sont désignés pour ce service spécial se trouvent exposés à plus de chances de maladie et de mort (3) ». « Il ne faudrait pas recruter ce corps comme le reste de l'armée, remarque très justement M. J. Rochard, le savant directeur du service de santé de la marine. L'inégalité des charges est trop frappante. On n'a pas le droit, parce qu'un homme a tiré de l'urne un numéro inférieur à celui de ses camarades, de lui faire courir cinq chances de mort au lieu d'une (4) ».

Les officiers ayant volontairement demandé du service dans l'armée coloniale, après quelques campagnes dans les pays chauds, devraient pouvoir rentrer dans l'armée de France pour s'y reposer de leurs fatigues, pour s'y guérir des maladies contractées sous les tropiques (5).

(1) Le Jemble : *l. c.*, p. 77, 84, 115.

(2) *Création d'une armée autonome en Cochinchine : Le spectateur militaire*, octobre 1887, p. 254 (opinion de M. Blancsubé, député de la Cochinchine.)

(3) De Lanessan : *l. c.*, p. 569.

(4) Rochard : *Traité d'hygiène sociale*, p. 576. 1888.

(5) *Les troupes de la marine et l'armée coloniale devant le pays par un ancien officier supérieur*, 1883.

Si, conformément à la demande de nombreuses Chambres de commerce, de Bordeaux, de Marseille, de Paris, on n'obligeait pas nos jeunes gens, partis pour les pays éloignés, à revenir en France pour faire leur service militaire (1), peut-être pourraient-ils fournir en partie l'élément européen au recrutement des armées coloniales. On favoriserait ainsi l'émigration vers nos colonies, tout en respectant le principe de l'obligation pour tous du service militaire. Il faudrait que tout jeune français émigré ou désirant émigrer en lointains pays pût faire, soit dans nos colonies, soit dans nos escadres, un service militaire d'autant plus court que le pays serait plus dangereux par son insalubrité ou par son état de guerre.

On a parlé du recrutement de l'armée coloniale par les enfants abandonnés, placés sous la tutelle de l'Assistance publique (2). Sans nullement contester les avantages de ce mode de recrutement, qui fournirait à nos possessions éloignées des défenseurs et des colons, dont l'émigration ne romprait pas les liens de famille qui existent le plus souvent pour les autres enfants; il est à craindre que l'acclimatation de ces enfants assistés n'offre des difficultés. Dans les premiers temps de l'occupation de l'Algérie, alors que cette colonie, actuellement assez généralement salubre, se montrait encore fort dangereuse pour nos compatriotes, le docteur Vital signalait surtout l'action funeste du climat sur les jeunes enfants (3). L'acclimatation d'enfants plus âgés est vraisemblablement possible dans certaines régions relativement salubres, dans certaines conditions d'altitude.

(1) *Le temps :* 1er mai 1884, 2e p., 4e col. ; 28 mai 1884, 2e p., 3e col. 21 mai 1888, p. 2, 4e et 5e col., etc., etc. — Charmes : *La politique coloniale : Revue des Deux-Mondes*, 1er novembre 1883, p. 30.

(2) Dr Deblaye : *Les pupilles hospitaliers et l'armée coloniale : Petit journal de la santé*, 28 février 1886, p. 2, col. 3.

(3) Vital : *Propagation et perpétuité de la race européenne en Algérie : Gazette médicale de Paris*, 6 novembre 1852, p. 702, col. 1, note 1.

Espérons le succès de l'essai actuellement tenté, en Algérie, par le Conseil général du département de la Seine, dans les terrains cédés pour des écoles d'agriculture, soit par un généreux donateur, M. l'abbé Roudil, près de Médéah et de Ben-Chicao, soit par le Gouvernement dans les domaines d'Heddara, de Ben-Hassan, d'Ennoura, etc. Les garçons de 13 à 17 ans envoyés, sur leur demande, par l'administration de l'Assistance publique, lorsqu'ils auront 20 ans, feront en Algérie leur service militaire, d'une année seulement, et plus tard y deviendront des colons expérimentés (1).

Mais cette acclimatation d'enfants semble devoir être fort difficile, sinon impossible, dans nos colonies insalubres, où les endémies et les épidémies font périr tant de nos soldats et de nos colons, jouissant de la plénitude de force et d'énergie que donne l'âge adulte.

En nous créant des colonies, non seulement nous accroissons notre importance politique et nos relations commerciales, mais aussi nous favorisons notre émigration, qui, en ouvrant à nos nationaux, de larges débouchers, de nombreux moyens d'existence et de richesse, augmente le bien-être général, et accroît notre natalité, actuellement si restreinte.

Mais, bannissant l'optimisme trop longtemps officiel, ainsi que le font d'autres nations, sachons publier ouvertement, sincèrement, les documents statistiques relatifs à la morbidité et à la mortalité de nos marins, de nos troupes coloniales. Dans toute relation de campagne loin-

---

(1) Curé, Poubelle : *Conseil général du département de la Seine,* 1ᵉ session, 25 mars 1887, p. 213, etc.; 2ᵉ et 3ᵉ session 1887 ; 22 juin 1887, p. 50, 90, 122, etc. — *Bulletin municipal officiel,* 19 janvier 1889, p. 146-147 : *Rapport du Directeur de l'Assistance publique.*

taine, d'occupation de pays conquis, auprès de l'indication de l'effectif, doit figurer, non seulement la proportion des malades et des convalescents rapatriés; — non seulement le rapport des décès aux malades, la léthalité des maladies en général ou de telle ou telle affection épidémique ou endémique en particulier ; — mais surtout le rapport des décès aux hommes présents, la mortalité moyenne totale, soit au loin, soit au retour, par le fait de maladies coloniales.

A côté des victoires, des expéditions, des conquêtes, des acquisitions de territoires, doivent figurer les dépenses, les sacrifices, les victimes qu'elles nous coûtent. La Nation qui fournit les hommes, les Parlements qui décident de la paix ou de la guerre, les Gouvernants qui ordonnent la prise de possession de telle ou telle contrée, les généraux et amiraux qui dirigent les expéditions lointaines ou gouvernent les colonies, sont intéressés à connaître la dîme mortuaire de chaque guerre, de chaque campagne, de chaque occupation territoriale. Dans notre pays, plus riche que populeux, il importe d'être économe de vies humaines. Il importe que l'évaluation précise des nombres de malades et de morts permette d'appliquer constamment et largement les mesures hygiéniques les plus propres à en restreindre les proportions. Il importe que, pour les troupes coloniales, le recrutement volontaire remplaçant le recrutement obligatoire, les indigènes et les métis, plus réfractaires aux endémies et épidémies tropicales, viennent de plus en plus se substituer aux Européens, si cruellement éprouvés dans certains pays chauds, où ils ne doivent que former des cadres, qu'exercer des commandements. Il importe enfin que la mission périlleuse de nos troupes coloniales étant mieux appréciée, on sache récompenser nos soldats, nos marins proportionnellement aux dangers qu'ils courent pour étendre et maintenir au loin l'autorité de la France.

MORTALITÉ DES MILITAIRES FRANÇAIS DANS LES COLONIES
sur 1.000 hommes d'effectif

PAYS	ANNÉES	MORTALITÉ (Décès sur 1.000)	INDEX BIBLIOGRAPHIQUE (*)
France	1842-1848	19.5	Boudin : *Traité de Géographie et de Statistique médicales*, t. II, p. 153.
—	1862-1869	11.42	
—	1872-1884	10.22	*Statistique médicale de l'Armée*, 1880, p. 10, 15, 18, 20; 1881, p. 10, 15, 18, 21; 1882, p. 9, 15, 18; 1883, p. 10, 17, 18; 1884, p. 9, 15, etc.
— à l'intérieur	1883	7.6	
Algérie	1837-1848	77.8	Boudin : *l. c.*, p. 152-153.
—	1862-1869	17.16	*Statistique médicale de l'Armée*, 1872, p. 32; 1873, p. 24; 1874, p. 23; 1875, p. 24.
—	1872-1875	11.91	
—	1881	22.61	*Statistique médicale de l'Armée*, 1881, p. 21 et 15; 1883, p. 18; 1884, p. 15.
—	1883-1884	11.16	
— Sud-Oranais	1881-1882	42.0	Delmas : *Relation médico-chirurgicale de la campagne du Sud-Oranais*, 1881-1882; *Archives de médecine et pharmacie militaires*, t. IX, p. 92-95, 1887.
Tunisie	1881	61.30	*Statistique médicale de l'Armée*, 1881, p. 21 et 15; 1883, p. 18; 1884, p. 15.
—	1883-1884	12.2	
Océanie	1848-1851	9.93	Boudin : *l. c.*, t. II, p. 154.
— Taïti	8 années	9.8	Dutroulau : *Traité des maladies des Européens dans les pays chauds*, p. 86, 2e éd., 1868.
— —	1850	3.9	
— Nouvelle-Calédonie	1851-1858	11.4	De Rochas : *Topographie médicale de la Nouvelle-Calédonie*, thèse, Paris, 1860. — *Contributions à la Géographie médicale de la Nouvelle-Calédonie : Archives de médecine navale*, 1866, t. V, p. 20. — Le Roy de Méricourt et de Rochas : *Calédonie (Nouvelle) : Dict. encycl. des Sciences médicales*, p. 682.
— —	1863	8.3	
Antilles	4 années	72.1	Souty, cité par Boudin : *l. c.*, p. 154.
— Martinique	1819-1855	91.9	Dutroulau : *l. c.*, p. 39.
— Guadeloupe	1819-1855	91.1	
—	1868-1869	49.4	Griffon du Bellay : *Étude sur la récente épidémie de fièvre jaune qui a sévi à la Guadeloupe en 1868-1869 : Archives de médecine navale*, 1870, t. XIII, p. 192
Guyane	1819-1849	27.2	Dutroulau : *l. c.*, p. 25.
—	1850-1851 (3 mois)	178.6	*Rapport médical sur l'épidémie de fièvre jaune de la Guyane française de 1850-1851*, par les Membres du Conseil de santé de Cayenne : *Revue coloniale*, 1852, t. IX, p. 183.
—	1855	237.4	Dutroulau : *l. c.*, p. 25.
Chine	1860-1861	118.7	Castano : *l'Expédition de Chine : Relation physique, topographique et médicale de la campagne de 1860-1861* : (extr.) : *Archives de médecine navale*, 1865, t. III, p. 285.
Tonkin	1883-1885	40.2	Rey : *Tonkin*, p. 631 et 636. *Dictionnaire encyclopédique des Sciences médicales* — *Archives de médecine navale*, t. XLVIII, p. 321 et 322, 1887.
—	1885	96.0	
— Nam-Dinh	1884-1886	77.6	Morand : *Le Poste de Nam-Dinh dans le delta du fleuve Rouge : Archives de médecine et pharmacie militaires*, t. X, p. 19, 1887.
Cochinchine	1861-1862	68.8	Didiot : *Relation médico-chirurgicale de la campagne de Cochinchine en 1861-1862 : Recueil de mémoires de médecine, chirurgie et pharmacie militaires*, 3e sér., t. XIV, p. 130, 1865, et (extr.) : *Archives de médecine navale*, 1866, t. V, p. 409.
—	1862	91.8	Richaud : *Essai de topographie médicale de la Cochinchine : Recueil de mémoires de médecine, chirurgie et pharmacie militaires*, t. XI, p. 213, 1864.
—	1861-1879	48.2	Candé : *De la mortalité des Européens en Cochinchine, depuis la conquête*, p. 30 à 68, Paris, 1881.
—	1882	11.68	*État de la Cochinchine française*, en 1882, p. 87, 158-159; en 1886, p. 127; in-4°, Saïgon, 1884 et 1888.
—	1886	43.54	
— Poulo-Condor	1877	7.0	Bremaud : *Topographie médicale du poste de Poulo-Condor : Archives de médecine navale*, 1879, t. XXXII, p. 422-432.
Pondichéry	1856-1865	37.0	Huillet : *Contribution à la géographie médicale*, Pondichéry : *Archives de médecine navale*, 1868, t. IX, p. 93.
Réunion	1819-1827	17.2	Dutroulau : *l. c.*, p. 78.
—	1830-1831	97.2	
—	1842-1851	29.9	Boudin : *l. c.*, p. 153-154.
Nossi-Bé	1841-1880	75.0	Guiol : *Topographie médicale de Nossi-Bé : Archives de médecine navale*, 1882, t. XXXVIII, p. 347-348.
Mayotte	1849	73.0	Dutroulau : *l. c.*, p. 68.
—	1854	70.7	
Sénégal	1832-1837	148.5	Thévenot : *Traité des maladies des Européens dans les pays chauds et spécialement au Sénégal*, Paris, in-8°, 1840, p. 207.
—	1852-1873	73.4 / 76.0	Bérenger-Féraud : *Traité clinique des maladies des Européens au Sénégal*, t. II, p. 316, etc., 1878. — Borius : *Topographie médicale du Sénégal : Archives de médecine navale*, t. XXXVII, 1882, p. 436; — *Sénégambie : Dictionnaire encyclopédique des Sciences médicales*, 1880, p. 658.
— épidémies de fièvre jaune	1830-1881	470.0	Borius : *l. c.; Archives de médecine navale*, t. XXXVII, p. 388, 1882.
— — Gorée	1859	296.9	Bel : *Sur l'épidémie de fièvre jaune de Gorée pendant le 4e trimestre 1859 : Revue algérienne et coloniale*, 1861, t. I, p. 230.
— — —	1878	526.92	Dupont : *Histoire des épidémies de fièvre jaune pendant le XIXe siècle : Archives de médecine navale*, 1880, t. XXXIV, p. 269.

(*) Dans ce tableau, on a dû exprimer en nombres proportionnels, rapportés à 1.000 d'effectif, les nombres absolus donnés par quelques-uns des auteurs.

MORTALITÉ DES MILITAIRES FRANÇAIS DANS LES COLONIES
SUR 1,000 HOMMES D'EFFECTIF.

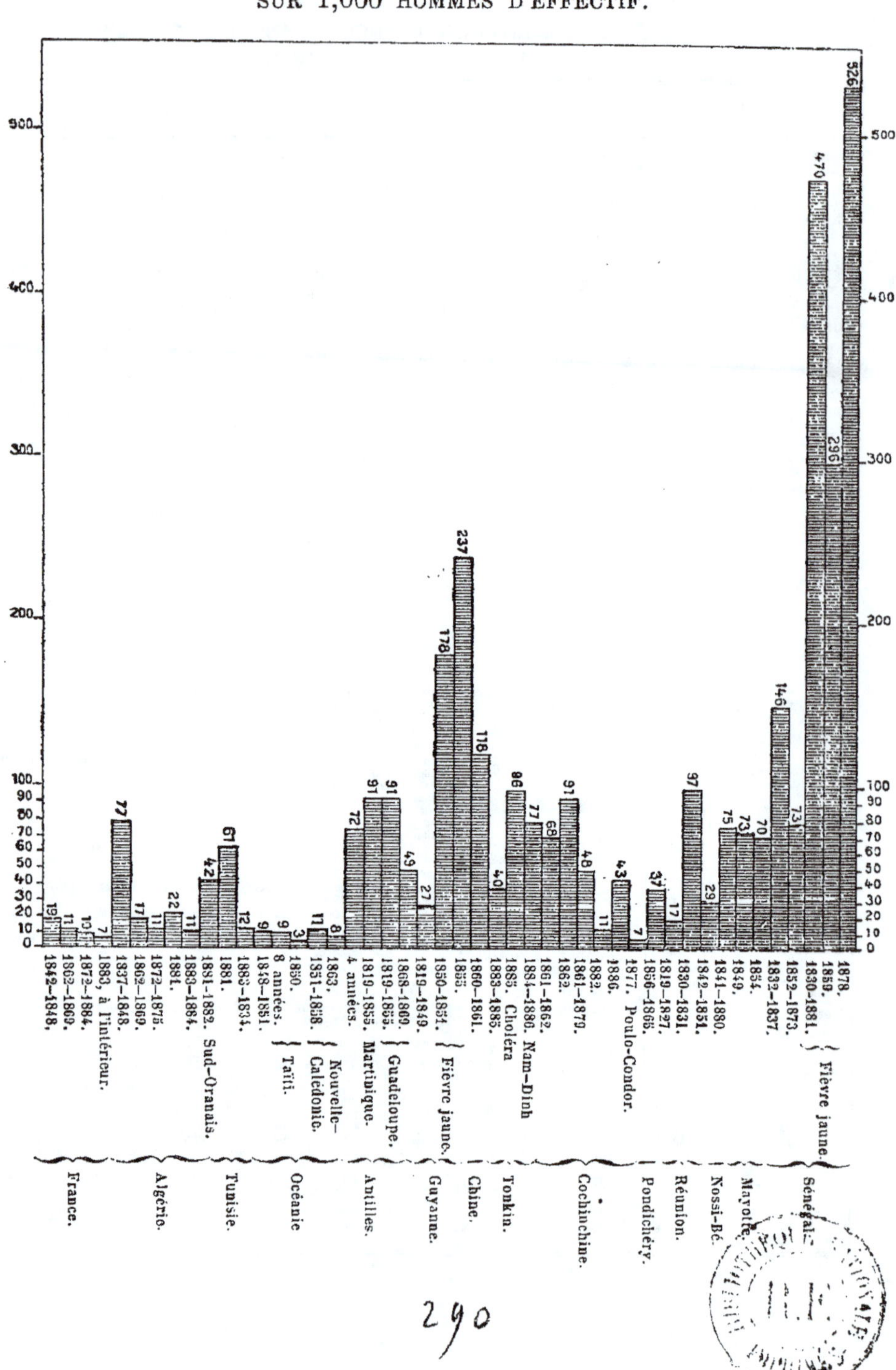